AF562789

MÉMOIRE

SUR LES ÉVÉNEMENS

DU 12 MARS 1814,

ET

SUR LES SERVICES RENDUS

PAR J. S. ROLLAC.

AU ROI,

EN SON CONSEIL DES MINISTRES.

MÉMOIRE

SUR LES ÉVÉNEMENS

DU 12 MARS 1814,

ET

SUR LES SERVICES RENDUS

PAR J. S. ROLLAC.

1°. Placet de M. J. S. Rollac au Roi;
2°. Exposé succinct des services de M. Rollac, appuyé de pièces justificatives;
3°. Démarches faites en sa faveur par ordre du Roi;
4°. Mémoire de M. Chauveau-Lagarde, remis au Roi et à Son Exc. le Président du Conseil des Ministres, en 1827.

Paris,

DE L'IMPRIMERIE DE TROUVÉ ET COMP.,
RUE NOTRE-DAME-DES-VICTOIRES, N° 16.

JUIN 1828.

AU ROI,

EN SON CONSEIL DES MINISTRES.

Sire,

VOTRE MAJESTÉ, après nous avoir permis de déposer à ses pieds l'expression de notre amour et de notre dévouement, à l'occasion du dernier anniversaire du 12 mars, a daigné nous dire : « que ce beau jour était gravé dans son cœur » comme dans celui de tous les Français; qu'elle espérait » que la ville de Bordeaux s'en montrerait toujours digne,

» et s'empresserait en tout temps de marcher sur les traces » de ceux qui ont rendu un si grand service à Votre Majesté, à sa famille, et même à la France entière. »

Ces paroles augustes et si consolantes pour moi, SIRE, ont dû surtout retentir dans mon cœur, en me rappelant que, dès 1810, je conçus et mis à exécution le projet d'aller en Angleterre pour préparer et amener cette glorieuse journée qui a jeté tant d'éclat, à l'aide et en présence de votre auguste fils.

Louis XVIII avait gardé le souvenir des services que j'ai rendus avec autant de désintéressement que de persévérance, et Sa Majesté avait daigné donner des ordres, à diverses époques, pour que j'obtinsse une recette générale.

Votre Majesté avait eu la même bienveillance, et avait exprimé les mêmes intentions.

Dans la persuasion que ces ordres ne tarderaient pas à être exécutés, j'ai fait venir à Paris ma nombreuse famille (après en avoir reçu l'assentiment du feu Roi): mais j'ai vainement attendu, et quatorze années de séjour dans la capitale ont été pour moi une cause de ruine.

Les volontés de Votre Majesté, et celles de S. M. Louis XVIII n'ayant pas encore été réalisées à la fin de 1826, je représentai à M. le président du Conseil des ministres, que je ne pouvais plus attendre la récompense qui m'avait été tant de fois promise: alors je réclamai le remboursement des pertes que m'avait causées l'abandon absolu de mon commerce, ainsi que de mes frais et dépenses pendant un séjour de quatre années à Londres, et depuis à Paris. Son Excellence me dit que ma demande était juste, et m'engagea à la soumettre au Roi, ajoutant que si Sa Majesté lui en parlait, je pouvais compter qu'elle l'appuierait. Je suis tombé malade, et le defenseur de la reine Marie-Antoinette, M. Chauveau-Lagarde, mit sous les yeux de Votre Majesté, en mars 1827, un Mémoire que je joins ici, dans lequel se trouvent expliqués mes travaux politiques; dans lequel aussi est renouvelée ma réclamation d'un dédommagement proportionné aux sacrifices que j'ai faits pour la cause royale, à défaut de la place de finances qui m'avait été promise à titre de récompense, et que les circonstances, m'a-t-on dit, n'ont pas permis de me donner. J'ai évalué ces sacrifices à cinq cent mille francs, ce qui est bien au-dessous de leur importance.

Votre Majesté, SIRE, a daigné accueillir ma demande avec bonté, et elle a chargé M. Chauveau-Lagarde de remettre de sa part mon Mémoire à M. le comte de Villèle, pour qu'il y fît droit. M. Chauveau-Lagarde a eu plusieurs conférences à ce sujet avec ce ministre; mais aucun résultat n'avait été encore obtenu, quand Son Excellence quitta le ministère.

SIRE, pour que Votre Majeté soit parfaitement convaincue que ma réclamation, à raison des titres sur lesquels je la fonde, mérite de fixer toute son attention et celle de son Gouvernement, je dois présenter ici l'exposé succinct de mes services, ainsi que des démarches qui ont été vainement faites jusqu'à ce jour en ma faveur.

Je supplie Votre Majesté de prendre en considération tous ces faits, et de remarquer que j'ai eu le bonheur de réussir dans cette grande entreprise, sans que j'aie occasionné aucune dépense au Roi de France, ni au gouvernement anglais, et sans qu'il y ait eu une goutte de sang répandue : ce qui montre, comme l'a dit Votre Majesté en 1826, le doigt de Dieu qui a daigné faire de moi l'instrument de ses volontés. Je la supplie aussi de daigner donner ses ordres pour que je puisse toucher bientôt le montant de ma réclamation, afin de fixer mon sort et celui de ma nombreuse famille.

En invoquant le royal souvenir de VOTRE MAJESTÉ sur des faits qui sont depuis long-temps à sa connaissance, je rentre dans les voies de l'espérance. Tout ce qui touche à l'honneur est si vivement senti par VOTRE MAJESTÉ, qu'il lui suffit d'en entendre le langage pour qu'elle daigne y répondre par les actes de sa justice et de sa munificence.

Je suis avec le plus profond respect,

DE VOTRE MAJESTÉ,

SIRE,

Le très-humble, très-obéissant
et très-fidèle sujet,

J. S. ROLLAC.

MÉMOIRE

SUR LES ÉVÉNEMENS

DU 12 MARS 1814,

ET

SUR LES SERVICES RENDUS

PAR J. S. ROLLAC.

EXPOSÉ SUCCINCT (ET APPUYÉ DE PIÈCES).

1°. De mes principaux travaux politiques, pendant un séjour de quatre années à Londres, par ordre de S. M. Louis XVIII, et dont le résultat a fait éclore les événemens de Bordeaux au 12 mars 1814;

2°. Des démarches faites (sans aucun succès jusqu'à ce jour) en ma faveur, par ordre du Roi et des Princes, auprès des différens ministres des finances, mais plus particulièrement auprès de M. le comte de Villèle, à l'effet d'obtenir une recette générale, et en dernier lieu une indemnité équivalente aux frais, dépenses et pertes qui ont été la suite de mon dévouement à la cause royale.

Pour développer avec plus d'ordre les faits qui se rattachent à la journée du 12 mars, je ne puis me dispenser de remonter jusqu'à

2

l'origine des assemblées ou sociétés royalistes qui se sont formées à Bordeaux.

En 1796, le Roi avait des intelligences dans presque toutes les provinces. Des commissaires avaient été nommés par Sa Majesté, qui était alors à Véronne. M. Dupont-Constant remplissait ces fonctions à Bordeaux, où il présidait un conseil nombreux. Ce conseil n'admettait personne que sur la présentation de deux de ses membres, et sur des preuves de fidélité.

En 1797, madame la marquise de Donnissan reçut une lettre de S. A. R. le comte d'Artois (aujourd'hui notre auguste souverain), qui l'engageait à réunir tous les Français dévoués au Roi. Madame de Donnissan communiqua sa mission à MM. Dudon père et fils, et à M. Dupont. Après plusieurs entrevues, ils convinrent que le comité établi par madame de Donnissan se fondrait dans l'institut qui était déjà composé de plusieurs provinces correspondant avec l'agence générale placée auprès de Sa Majesté; qu'il ne recevrait des ordres immédiats que d'elle seule, et que Bordeaux en serait le point central. M. Papin, officier distingué, fut nommé général en chef de l'armée royale, qu'on se proposait d'organiser. Cet institut eut un conseil intime et secret. La ville fut divisée en trois sections militaires, et en autant d'arrondissemens civils, présidés par des membres du conseil-général. On forma un état-major (1); on répandit dans toutes les compagnies des instructions propres à soutenir l'opinion pour le rétablissement du trône des Bourbons. Des ateliers furent établis pour fabriquer des armes et des cartouches, et l'on s'occupa des moyens d'obtenir des munitions. J'avais été un des premiers admis dans l'institut, et je fus nommé du conseil, avec le grade de capitaine d'état-major. Ma maison de commerce, rue

(1) Ayant déjà fait connaître en détail l'organisation de cet institut, et les noms des personnes qui composaient le conseil-général, les présidens, les chefs d'arrondissemens, l'état-major et les capitaines, au nombre de vingt-un (dont une compagnie composée de six cents hommes de cavalerie), j'ai cru inutile de les rappeler ici.

de la Rousselle, devint le lieu de réunion pour la plupart des réceptions et prestations de serment de fidélité au Roi. On passait la revue des compagnies dans mes vastes magasins. Je fus chargé de la fourniture des poudres, que je faisais arriver secrètement chez moi : personne n'avait voulu s'en charger; moi seul je l'osai, et ce n'était pas sans risques, car j'étais obligé d'acheter ce dangereux article des personnes qui le tenaient du Gouvernement; mais j'en faisais écriture sur mes livres, comme barils de café, afin d'ôter tout soupçon à mes commis, et je les faisais ensuite distribuer à chaque compagnie. Il y avait alors dans les départemens de la Gironde, des Landes, des deux Charentes et de l'Arriége, trente mille hommes enrégimentés et armés (1).

Nourrissant le desir et l'espoir d'être un jour utile à la cause des Bourbons, j'en apercevais les moyens dans les ressources alors inactives, mais toujours subsistantes, de l'institut, et les nombreuses ramifications qu'il comptait dans Bordeaux, la Gironde, tout le Midi et la Vendée; et il me parut démontré que, pour le succès de mon plan, il ne me manquait que l'autorisation de S. M. Louis XVIII. Après en avoir conféré avec mes amis, je me décidai donc à aller en Angleterre en 1810.

Je pris des lettres de recommandation de madame la marquise de Donnissan pour son frère M. le duc de Lorges et pour M. le comte Alphonse de Durfort, auxquels j'exposai, à mon arrivée à Londres, que la masse de la France était bien disposée, et que le Roi finirait la révolution, si, avec le temps et suivant les circonstances, on voulait mettre à profit l'extravagance et l'aveugle ambition de Bonaparte; mais que tout était subordonné à la condition indispensable d'être en bonne intelligence avec le gouvernement

(1) Voir les Mémoires de madame la marquise de Larochejacquelein; voir aussi le certificat de M. Faget, ancien négociant, capitaine de l'institut, particulièrement connu de M. Lainé, pair de France. (Pièces justificatives, n° 2.)

anglais, et de ne rien entreprendre sans être sûr de son appui, en cas de besoin.

Par suite de cette communication, M. le comte de Durfort me mit en rapport direct avec M. le duc d'Avaray (qui avait toute la confiance de S. M. Louis XVIII), et ensuite avec M. le comte de Blacas, aujourd'hui premier gentilhomme de la chambre du Roi. Je leur donnai tous les détails qui concernaient l'institut royal; je leur répondis des bonnes dispositions de ses membres, en leur démontrant tout le parti qu'on en pouvait tirer; je fis observer qu'il était nécessaire de calmer les esprits inquiets, et de fixer les incertitudes par des garanties, parce que la plupart de ceux qui s'étaient dévoués à la cause du Roi, ayant vu tout échouer jusqu'alors, craignaient de servir quelques factions sans le savoir, et ne voulaient plus rien entreprendre, sans être assurés que ce fût pour la maison de Bourbon. J'ajoutai que j'étais aussi chargé de demander à Sa Majesté la permission de faire venir à Londres une députation des personnes les plus considérables de diverses provinces de France, pour faire connaître à Sa Majesté nos véritables ressources, et prendre ses ordres sur la manière de les employer à propos, lorsqu'on aurait la certitude que le gouvernement britannique serait franchement résolu à seconder nos efforts.

Après m'avoir fait donner ma parole de ne plus m'ouvrir à personne sur ce sujet, M. le comte de Blacas me dit qu'il allait se hâter de faire part de mes ouvertures à Sa Majesté, à Hartwell, et que sous peu de jours il me reverrait. M. de Blacas ne tarda pas, en effet, à m'informer que Sa Majesté lui avait répondu qu'elle avait besoin de raisonner avec lui *sur l'affaire de M. Rollac.* Avant de prendre une détermination, M. de Blacas retourna près du Roi, à Hartwell, et au bout d'une semaine, étant revenu à Londres, il m'annonça que Sa Majesté avait pris l'affaire dans la plus grande considération; qu'en conséquence il me donnait, de la part du Roi, *carte blanche pour mettre mon plan à exécution,* et voir les ministres de S. M. Britannique pour cet objet. Il me pria de lui écrire, et de lui rendre un compte exact du résultat de mes démarches.

Quelques jours après, M. le comte de Durfort me présenta au très-honorable M. Arbuthnot, alors sous-secrétaire d'État de la trésorerie, auquel je donnai les mêmes détails qu'à M. le comte de Blacas, et j'ajoutai qu'il n'était nullement question d'argent, mais seulement de l'assurance d'être secondé par le gouvernement anglais (1).

M. de Perceval, alors premier ministre, à qui M. Arbuthnot avait communiqué mon plan, répondit : Qu'il était nécessaire, pour y donner suite, que cette affaire fût autorisée par le comte de Lille (le Roi), afin qu'elle eût un caractère officiel auprès du gouvernement britannique. M. de Blacas, auquel j'avais écrit deux fois à Hartwel, pour lui faire part du résultat de mes démarches auprès des ministres anglais, m'adressa la lettre ci-après :

Hartwel, 15 août 1810.

« J'ai reçu, Monsieur, vos deux lettres, et je ne tarderai pas à vous écrire sur leur objet, pour vous faire *connaître les démarches qui peuvent et doivent être faites ultérieurement.*

« Recevez, je vous prie, Monsieur, une nouvelle assurance de l'estime et des sentimens avec lesquels j'ai l'honneur d'être, etc. »

Blacas d'A.

A M. Rollac, à Londres.

Tout le mois s'écoula, sans que j'eusse des nouvelles de M. de Blacas. Je lui écrivis de nouveau, et j'en reçus la réponse suivante :

Hartwel, 3 septembre 1810.

« A mon retour ici, Monsieur, après une absence de quelques jours, j'ai trouvé la lettre que vous avez bien voulu m'écrire le 31 août. Je

---

(1) Pièces justificatives nos 4 et 7.

regrette extrêmement les retards qu'éprouve une réponse que vous devriez avoir depuis long-temps. Je compte aller à Londres vers le 15 de ce mois, et je m'en occuperai certainement avec tout l'intérêt que je prends à la réussite *de votre affaire*. Si cependant vous desirez ne pas attendre cette époque, remettez le billet que je joins ici; la personne à laquelle je l'adresse (M. le comte de la Châtre), en sera prévenue. Vous le trouverez tous les jours à dix heures; vous pouvez lui parler avec une entière confiance, *votre secret sera gardé*, et vous ne tarderez pas à avoir une solution quelconque.

» Recevez, Monsieur, une nouvelle assurance de l'estime et de l'attachement avec lesquels j'ai l'honneur d'être, etc. »

BLACAS D'A.

A M. Rollac, à Londres.

Je crus alors devoir attendre l'arrivée de M. de Blacas, qui me présenta à M. le comte de la Châtre, *alors chargé des affaires du Roi auprès du Gouvernement anglais*. A la suite de plusieurs entrevues, ce ministre me pria de dire à M. Arbuthnot qu'il s'aboucherait avec lui pour s'occuper de mon projet. M. Arbuthnot répondit à M. de la Châtre que le Conseil allait s'assembler pour prendre une détermination à ce sujet, et qu'immédiatement après, il s'empresserait de lui en faire connaître le résultat.

Plus tard, M. de la Châtre m'apprit que S. A. R. le prince Régent et son Conseil avaient complétement embrassé les intérêts du Roi de France, et qu'ils étaient entièrement disposés à seconder les efforts des Français pour le retour de leur souverain légitime; il m'engagea, de la part de S. M. Louis XVIII, de mettre sans délai mon plan à exécution, parce que c'était le moment d'ouvrir les comunications avec Bordeaux. J'avais déjà désigné au ministre, pour la conduite des opérations, M. le chevalier de Taffard (1), que je fis nommer commissaire du Roi; et, pour s'entendre avec lui, afin de combiner ensemble les mouvemens de

(1) Aujourd'hui gouverneur du château royal de Bordeaux.

l'ouest avec ceux de Bordeaux, M. le marquis de Larochejaquelein (1), ainsi que MM. de Clairan, Queyriaux aîné, le colonel Roger ; je désignai en même temps, pour porter mes dépêches, et ouvrir des communications avec M. de Taffard, M. Peffault de Latour, qui était à Londres, et auquel je fis donner pour son voyage trois cents livres sterling, qui lui furent comptés chez moi par M. le duc de la Châtre (*seule et unique dépense qu'aient occasionnée à Sa Majesté Louis XVIII, et au Gouvernement anglais, les longs préparatifs depuis* 1810 *jusqu'au* 12 *mars* 1814, *tant de ma part, que de celle de mes amis, et le brillant succès de la coalition bordelaise, qui rouvrit les portes de la France aux Bourbons.*) Je confiai aussi à la mémoire de M. de Latour des mots qu'il devait communiquer à MM. de Taffard et de Larochejaquelein, pour la clef de notre correspondance (2).

J'avais essentiellement recommandé à M. de Latour, dès que les circonstances le permettraient, d'envoyer des députés à M. le duc de Wellington, et de mettre à la tête M. de Larochejaquelein.

J'avais aussi chargé M. de Latour d'annoncer à mes amis que j'allais leur faire passer *un ruban vert, symbole de l'espérance, que j'avais la ferme confiance d'obtenir de S. A. R.* MADAME. J'avais pensé (*et la suite a prouvé que ce n'était pas sans raison*) qu'un ruban donné par une princesse, fille de tant de Rois, *ne manquerait pas de parler à des cœurs français, et de les électriser* (3).

Ce fut le 12 mars 1813 que je donnai à M. de Latour mes dé-

---

(1) Pièces justificatives, nos 4, 6, 7, 10 et 12.

(2) Pièces justificatives, nos 4, 9 et 10.

(3) L'autorisation de porter cette décoration sous le nom de Brassard, nous a été donnée depuis par Sa Majesté, avec un brevet du Grand-Chancelier de l'ordre de la Légion-d'Honneur. (Pièces justificatives, no 11.)

pêches pour M. de Taffard (*l'époque est remarquable et frappante*). Sa mission *ne devait durer qu'un an, et ce fut précisément le jour où elle devait finir qui éclaira le mémorable mouvement* de *Bordeaux* (1).

M. de Latour était porteur de deux lettres de moi : l'une de simple recommandation pour M. de Taffard ; l'autre était *la dépêche diplomatique, écrite de ma main*, en style de commerce (2), *mais signée (pour le Roi), Henri et Comp., par M. le comte de la Châtre.*

Voici la copie de cette dépêche :

A M. Taffard de Saint-Germain, à Bordeaux.

MONSIEUR,

« La manière avantageuse dont M. *Rollac* nous a parlé de vous en différentes occasions, nous engage à vous donner *la préférence pour les articles* de vos quartiers dont *nous avons besoin.* En conséquence, Monsieur, nous vous prions de nous faire passer les prix des vins et eaux-de-vie, et de nous donner avis des variations de ces liquides. M. de Latour, notre voyageur, et porteur de la présente, vous dira *de vive voix les* qualités *de celles qui nous conviennent.* Veuillez vous entendre avec lui pour nous avoir ce qu'il y a de mieux. Si les prix et qualités de ces esprits nous conviennent, nous vous ferons passer les ordres et les fonds nécessaires pour nos achats.

« Nous avons l'honneur de vous saluer. »

Signé,

HENRI et Compagnie.

Londres, 12 mars 1813.

---

(1) Pièces justificatives, n° 10.

(2) On a vu plus haut que nous avions adopté des mots particuliers qui devaient être la clé de notre correspondance.

M. de Taffard n'avait encore aucune connaissance de mon plan et de mes communications avec les ministres de S. M. Louis XVIII. Il profita de l'occasion favorable que lui offrait M. Bontemps Dubary (1), qui se rendait à Londres pour ses affaires de commerce; il le chargea d'une lettre de recommandation, dans laquelle il me disait que je pouvais tout confier à ce particulier, qu'il pensait comme moi. Après en avoir parlé à M. de la Châtre, je fus autorisé à initier M. Bontemps Dubary dans mon plan ; ensuite je le présentai à ce seigneur, qui l'engagea à repartir le plus tôt possible, dans un cartel anglais, pour Bordeaux (2). J'ai eu depuis bien des motifs de me féliciter d'avoir placé ma confiance dans M. Bontemps : c'est lui qui, en 1814, porta à Saint-Sever la lettre écrite à M. le Dauphin par M. de Taffard (3).

Nous marchions chaque jour vers notre but par la concordance de nos communications. Alors S. M. Louis XVIII desira en connaître le résultat, et elle chargea M. le comte de Blacas d'accréditer M. le chevalier de Perrin auprès de M. de Taffard, pour lequel, sur la demande de ce seigneur, je donnai une lettre de recommandation. M. de Perrin partit muni, en outre, d'un billet autographe du Roi, ainsi conçu : « *Il tarde au meilleur des pères* » *de se trouver au milieu de ses enfans.* »

Arrivé à Bordeaux, M. de Perrin remit à M. de Taffard ma lettre et celle de M. de Blacas, avec le ruban vert (4).

---

(1) Aujourd'hui colonel du 17e régiment de chasseurs à cheval.

(2) Pièces justificatives, nº 3.

(3) Pièces justificatives, nº 14.

(4) Je n'ai cessé d'être l'intermédiaire tant pour la conduite des opérations, que pour la correspondance de Londres en France, entre mes amis et M. le comte de la Châtre, qui la communiquait ensuite au Roi. Cette correspondance, adressée à madame Rollac, par le moyen des contrebandiers anglais et français, me coûtait, pour chaque lettre, 48 francs, dont 24 fr. étaient payés par ma femme à Bordeaux, et 24 par moi à Londres. Toutes les personnes qui faisaient passer des lettres par cette voie payaient le même prix.

M. de Perrin resta long-temps sans donner de ses nouvelles; on était même inquiet sur son compte. Voyant que la correspondance était difficile, j'adressai une lettre à M. de Taffard, que je soumis avant à M. de Blacas. Celui-ci ne tarda pas à me la renvoyer avec la réponse suivante :

Hartwel, 28 juillet 1813.

« J'ai reçu, Monsieur, votre lettre d'hier, et je ne vois pas d'inconvénient à ce que vous transmettiez le billet que je vous renvoie. Il est certain que deux ou trois personnes expédiées *ad hoc* par le comité central, ne peuvent qu'inspirer beaucoup plus de confiance dans les moyens qu'il proposera. Je n'ai encore reçu aucune nouvelle de la personne de confiance qui est partie pour Bordeaux (M. de Perrin). Soyez bien certain, Monsieur, du parfait attachement avec lequel je suis votre très-humble et très-obéissant serviteur. »

BLACAS D'AULPS.

A M. Rollac, à Londres.

Quelque temps après, M. de Perrin reparut à Londres; il assura M. de Blacas qu'il était impossible que les intérêts du Roi fussent dans de meilleures mains qu'en celles de M. de Taffard. Le rapport qu'il fit sur l'organisation militaire et secrète que M. de Taffard avoit renouée à Bordeaux et les environs, la demande pressante et constamment répétée d'un Prince français, la marche de M. le duc de Wellington, déterminèrent le Roi à envoyer Mgr. le duc d'Angoulême à l'armée anglaise. Enfin, S. A. R. partit de Londres pour France le 12 janvier 1814, sous le nom du comte de Pradel. Je m'empressai d'en instruire M. de Taffard par une personne sûre qui allait au Havre, où elle arriva en six jours; S. A. R. en mit dix pour se rendre au Passage.

M. de Larochejaquelein, qui était alors à Bordeaux, partit par mer, et s'empressa de joindre le Prince à Saint-Jean-de-Luz. De son côté, M. de Taffard assembla un conseil, à la suite duquel il fit partir M. Bontemps avec une lettre adressée à Monseigneur. Aussitôt son arrivée, M. Bontemps fut chargé par S. A. R. de voir le duc de Wellington, auquel il fit aussi connaître nos moyens d'exécution, et il lui exprima les vœux des habitans de Bordeaux et des environs, pour y recevoir le Prince (ainsi que l'avait déjà fait M. de Larochejaquelein). Il insista en même temps auprès de Sa Grâce pour qu'elle fît avancer une partie de ses troupes qui accompagnerait S. A. R., et faciliterait le mouvement déjà organisé par M. de Taffard.

Le 6 mars 1814, M. le duc de Wellington voulut bien accorder quinze cents hommes et trois pièces de canon, sous les ordres de M. le maréchal de Béresfort. M. Bontemps courut rendre compte au Prince du succès de sa négociation, et S. A. R. le fit repartir de suite avec la lettre ci-après :

A M. Taffard de Saint-Germain, commissaire du Roi à Bordeaux.

Saint-Sever, 6 mars 1814.

« Monsieur, j'ai reçu hier votre lettre, et j'ai écouté avec beaucoup d'intérêt celui qui en était porteur : il vous rendra compte des deux conversations qu'il a eues avec moi et avec lord Wellington. Je me bornerai seulement à vous dire que l'intention du Roi, qui m'a envoyé en France pour le précéder, étant d'y ramener la paix, le bonheur et la tranquillité, et d'empêcher toute démarche prématurée qui pourrait faire couler sans aucun but important le sang de ses sujets, qui lui est cher, je suis sûr de me conformer à ses volontés, en vous mandant que si vous croyez être certain de faire déclarer la ville de Bordeaux, et d'y faire arborer le drapeau blanc, le plus tôt sera le mieux. Dans ce cas, vous me le fiezez dire tout de suite, soit ici, soit à Pau ; vous viendriez au devant de moi avec un corps quelconque, et je m'y rendrais sans perdre un instant.

Si, au contraire, vous pensez que l'événement serait douteux, et que vous éprouveriez une grande résistance, je vous demande d'arrêter tout mouvement, jusqu'au moment où les troupes alliées pourront être aperçues des clochers de Bordeaux, et où il n'y aurait aucun corps français considérable assez à portée pour donner des craintes pour la sûreté de la ville. Alors arborez le drapeau blanc et la cocarde blanche, et envoyez-moi une députation pour me demander de prendre le gouvernement du pays au nom du Roi. Vous ne devez pas douter de l'empressement avec lequel je m'y rendrai : vous pouvez en assurer les habitans, ainsi que du bonheur que j'éprouverai d'entrer dans leur ville au nom du Roi mon oncle. Je vous charge aussi, en son nom, de rassurer les possesseurs de biens nationaux et les protestans, l'intention du Roi étant de laisser les premiers jouir tranquillement de ce qu'ils possèdent, et de n'inquiéter nullement les seconds, voulant rendre ses sujets également heureux.

» Cette lettre-ci vous prouve que je confirme complétement, au moins jusqu'à mon arrivée, les pouvoirs qu'il a plu au Roi de vous confier, et dont il me paraît que vous avez fait jusqu'à présent un si bon usage ; m'en rapportant à vous avec confiance sur ce que vous croirez convenable et utile de faire pour le bien de son service, je serai charmé de confirmer, à Bordeaux, les choix que vous aurez faits, nommément celui de M. Bontemps.

» D'après tout le bien que j'entends dire de vous, Monsieur, j'éprouverai un vrai plaisir à vous connaître et à vous assurer de vive voix de tous mes sentimens. »

Louis-Antoine, etc.

Le 9 mars, M. de Taffard donna communication au Conseil de la lettre de S. A. R., et du résultat de la mission de M. Bontemps.

Le général anglais devait être aux portes de Bordeaux le 12 mars au matin.

Le 10 et le 11 furent employés à faire tous les préparatifs qui devaient assurer le succès de cette journée. M. le commissaire du

Roi donna ses instructions à tous les chefs. Douze volontaires de la garde royale reçurent l'ordre de se renfermer dans le cimetière Saint-Michel, et de se tenir prêts à arborer le drapeau blanc, quand M. le maire monterait en voiture, afin de prouver au général anglais que cette ville appartenait au Monarque légitime. Quarante volontaires royaux à cheval, sous les ordres de M. Roger, capitaine, et de M. Bontemps, chef d'escadron, devaient accompagner M. le maire, et transmettre le cri de *vive le Roi*, qu'il aurait le premier fait entendre.

M. de Taffard, en sa qualité de commissaire du Roi, réunit à l'Hôtel-de-Ville les divers membres de l'autorité municipale, et, en présence d'une assemblée nombreuse, il leur déclara que la ville de Bordeaux devait être dès ce moment administrée au nom de S. M. Louis XVIII, d'après les ordres qu'ils recevraient, soit de S. A. R., soit de lui-même; il ajouta que ceux qui seraient disposés à continuer l'exercice de leurs fonctions, eussent à prêter serment entre ses mains, et à l'instant il reçut celui de M. le comte Lynch, maire de Bordeaux, de MM. le comte de Puységur, de Labroue, et du vicomte de Tauzia, adjoints (1).

Toutes les précautions avaient donc été prises pour que l'autorité du Roi fût reconnue, et pour que le Prince fût reçu.

Enfin, les efforts, les travaux de mes amis et les miens furent couronnés du succès le plus complet, sans aucun secours pécuniaire, et sans avoir répandu une goutte de sang (2).

Le 14 mars, la ville de Bordeaux, autorisée par Mgr le duc d'Angoulême, envoya M. le vicomte de Tauzia en Angleterre, pour an-

---

(1) Depuis plus de six mois M. de Taffard avait déjà mis M. le vicomte de Tauzia dans la confidence.

(2) Etant resté à Londres par ordre du Roi, pour la correspondance, MM. de Larochejaquelein et de Latour présentèrent mon fils aîné à Mgr le duc d'Angoulême. (Pièces justificatives, n° 10.)

noncer à S. M. Louis XVIII qu'elle avait été proclamée dans cette ville, et la prier de venir en prendre possession.

Peu de jours après son arrivée à Londres, M. de Tauzia, les ducs de Lorges et de Grammont, le comte de Durfort, et d'autres seigneurs, ainsi que moi, nous fûmes prévenus de la part des ministres de Sa Majesté de nous tenir prêts à partir pour Bordeaux sur une frégate anglaise. Le Roi ne devait pas tarder à nous suivre; mais la journée de Paris, fruit de celle du 12 mars, fit changer ce projet, et Sa Majesté vint directement dans sa capitale (1).

(1) J'ai tracé, en 1820, l'historique de tous ces faits, dans une brochure dont Mgr. le dauphin a daigné agréer l'hommage. (Pièces justificatives, n° 1.)

PIÉCES JUSTIFICATIVES.

N°. Ier.

Lettre écrite à M. Rollac, par ordre de S. A. R. Monseigneur, Duc d'Angoulême.

Aux Tuileris, le 14 avril 1818.

Le Secrétaire des commandemens de S. A. R. Monseigneur duc d'Angoulême, à M. Rollac.

Monsieur,

Monseigneur duc d'Angoulême, a reçu votre lettre du 7 de ce mois, et la brochure qui y était jointe, dans laquelle vous retracez le mémorable événement de la journée du 12 mars 1814, époque glorieuse, où S. A. R. fut reçue à Bordeaux aux acclamations universelles, et y rétablit l'autorité légitime. *S. A. R. me donne l'ordre de vous exprimer qu'Elle a été sensible à l'hommage que vous lui avez fait, d'un exemplaire de votre intéressant ouvrage.* Plus qu'aucun autre, Monsieur, *vous étiez appelé à présenter l'ensemble des faits antérieurs qui ont amené cette grande journée, si chère au cœur de S. A. R., et le plus beau titre que puissent présenter les annales de la fidélite.*

Je pofite de cette occasion pour vous renouveler, Monsieur, l'expression de la considération la plus distinguée, avec laquelle j'ai l'honneur d'être,

Votre très humble et obéissant serviteur,

Signé, le baron Giresse de la Beyrie.

N° II.

Certificat de M. Faget, ancien négociant à Bordeaux, adressé à M. Rollac.

Je soussigné, capitaine, sous le nom de Saturne, de la septième compagnie de ligne, dans l'organisation royale de la Gerinne à Bordeaux, certifie que M. Jacques-Sébastien Rollac, alors négociant à Bordeaux, rue de la Rousselle, fut admis dans l'institut royal, lors de la formation en 1796, et qu'en 1797, époque où l'on organisa l'armée, il fit partie de la compagnie que je fus appelé à commander, sous le nom de Bras-de-Fer et en qualité de lieutenant; qu'ensuite il passa au conseil de l'état-major comme capitaine-adjoint; que sa maison de commerce était un des points de réunion, où se faisaient les réceptions et prestations de serment de fidélité au Roi; que ses vastes magasins servaient à passer les revues des compagnies; que lui seul voulut bien courir le risque de se charger de la fourniture des poudres qu'il faisait arriver dans ses magasins comme barils de café, et dont il faisait écriture sur ses livres, comme tels, afin d'ôter tout soupçon à ses commis, et qu'ils les faisait distribuer ensuite, au besoin, à chaque compagnie, pour faire des cartouches. En foi de quoi j'ai signé le présent pour rendre hommage à la vérité.

Signé, Faget, *ancien négociant*,
rue des Deux-Portes, n° 8, au Marais.

N° III.

Lettre de M. Bontemps-Dubarry, adressée à M. Rollac, à Londres.

En rivière de Morlaix, le 31 mai 1813.

Nous sommes en vue du port, mon cher ami, et je profite du retour du cartel anglais, pour vous remercier de toutes vos attentions pour moi. A peine serai-je rendu à Bordeaux, que je m'occuperai de faire tout ce qui dépendra de moi *pour activer nos rapports; vous pouvez en donner l'assurance à la respectable maison pour laquelle vous faites* (le Roi). Je desire bien vivement que l'occasion de leur témoigner le desir que j'ai de leur être utile, se présente; à coup sûr je la saisirai avec empressement.

Adieu, mon cher; comptez sur mon sincère attachement.

Signé, G. Bontemps fils.

P. S. Silence sur le mode de mon départ.

N° IV.

Attestation donnée par M. le comte Alphonse de Durfort à M. J. S. Rollac.

J'atteste que, vers le mois de mai 1810, M. Jacques-Sébastien Rollac m'ayant été recommandé particulièrement à Londres, la manière avantageuse dont j'avais entendu parler de son dévouement absolu à la cause royale depuis le commencement de la révolution, m'engagea à raisonner avec lui sur l'état et les dispositions de la ville de Bordeaux; et, d'après la clarté des détails qu'il me donna, et la solidité des réflexions qu'il y ajouta, je crus de mon devoir de proposer à M. J. S. Rollac de le présenter aux ministres de Sa Majesté Louis XVIII. Avec son agrément, je parlai de lui à M. le duc d'Avaray, auquel je le présentai, et, après quelques entrevues entre eux, j'appris que M. le duc d'Avaray avait écrit au Roi au sujet de M. Rollac. Bientôt après, M. le comte de Blacas vint à Londres, eut avec M. Rollac plusieurs entretiens, et me remercia beaucoup à ce sujet, lorsque nous nous vîmes ensuite à Wimbledon. Enfin, M. Rollac ayant reçu du Roi *carte-blanche* pour s'aboucher avec les ministres de Sa Majesté Britannique, je le présentai moi-même au très-honorable M. Arbuthnot, sous-secrétaire d'État de la trésorerie.

J'atteste de plus qu'il est également vrai que ce fut M. J. S. Rollac qui désigna au Roi MM. le marquis de Larochejaquelein, Taffard de Saint-Germain, Julien Peffault de Latour, Georges Bontems-Dubarry, etc., tant pour la conduite des opérations de Bordeaux et de la Vendée, que pour la sûreté des missions et de la correspondance de Londres en France; que M. J. S. Rollac a été constamment intermédiaire entre ces messieurs et les ministres du Roi, MM. les comtes de Blacas et de la Châtre, et qu'enfin ce sont les combinaisons et les travaux constans de M. J. S. Rollac, secondé par ses amis, qui ont amené la journée du 12 mars 1814, journée qui, en faisant proclamer le Roi à Bordeaux, a décidé l'élan de la France et la restitution du trône à son souverain légitime.

Signé, Le comte Alphonse de Durfort,
Lieutenant-général.

Londres, le 2 mai 1814.

N° V.

Extrait de la lettre de M. le comte de Blacas à M. Sébastien Rollac, Wells-street, Oxford-street, London.

Hartwel, 8 avril 1814.

J'AI reçu, Monsieur, votre lettre du 2 avril. Le Roi n'oubliera point le zèle avec lequel vous avez servi sa cause, etc., etc.

Recevez, Monsieur, l'assurance de tous mes sentimens et la parfaite considération avec laquelle j'ai l'honneur d'être,

Votre très-humble et très-obéissant serviteur,
Signé, BLACAS D'AULPS.

N° VI.

Première attestation donnée par Son Excellence M. le comte de la Châtre, à M. J. S. Rollac.

J'ATTESTE que M. Jacques-Sébastien Rollac, négociant de Bordeaux, a été employé par le Roi, depuis l'année 1810, aux correspondances royalistes; que c'est par lui et par ses *conseils* que l'on a utilisé les personnes attachées à la cause de leur souverain légitime, dans les départemens de la Gironde; qu'il a entretenu correspondance avec les chefs du parti, et particulièrement avec M. Taffard de Saint-Germain, qu'il a indiqué à Sa Majesté comme propre à conduire les affaires. Et je donne cette attestation avec d'autant plus d'assurance, que c'est moi qui ai toujours correspondu avec M. Rollac, ainsi que lui-même correspondait avec les royalistes de l'intérieur.

Signé, le comte DE LA CHATRE.

Londres, 1er mai 1814.

N° VII.

Deuxième attestation donnée par M. le comte de la Châtre à M. J. S. Rollac.

J'atteste que M. Jacques-Sébastien Rollac est arrivé en Angleterre en 1810; que, depuis cette époque jusqu'à celle de la restauration du Roi sur son trône, en 1814, il n'a cessé d'être employé pour son service successivement par MM. le duc d'Avaray, le comte de Blacas et moi; qu'il a remis, tant au gouvernement de Sa Majesté Britannique qu'aux ministres du Roi, des plans qui ont été approuvés, et qui ont formé la base des correspondances de ce pays-ci avec Bordeaux. J'atteste également avoir proposé, de la part de Sa Majesté, à M. Rollac, de se rendre à Bordeaux en 1812; mais, d'après les observations de celui-ci, il fut convenu avec lui qu'il y enverrait des personnes de son choix, lesquelles ont parfaitement justifié la confiance que l'on avait en M. Rollac. Je déclare que son entremise a influé sur la détermination prise par le Roi d'envoyer S. A. R. monseigneur duc d'Angoulême à l'armée de lord Wellington, et que le résultat de cinq ans de peines et de travail entre tous les braves royalistes qui se trouvaient dans le secret à Bordeaux, a fini par y faire éclater le mouvement à jamais mémorable de la journée du 12 mars 1814, dans laquelle le Roi fut proclamé.

Je dois ajouter que, pendant la dernière crise, M. Rollac s'est empressé de me proposer de nouveau ses services; je lui dois la justice d'affirmer que, depuis le commencement de la révolution, il n'a cessé de professer les principes du plus pur royalisme; qu'il en a donné des preuves dans toutes les occasions, aux dépens de la sûreté de sa personne et de celle de sa famille; que la perte de sa fortune s'en est suivie, et que les malheureuses circonstances qui ont accompagné de si près la restauration du Roi, ont pu seules empêcher qu'il ait reçu la récompense due à un si noble dévouement.

Signé, le comte de la Chatre,
Ambassadeur de S. M. T. C. près le cabinet de St.-James.

Londres, 21 août 1815.

N° VIII.

Attestation donnée à M. J. S. Rollac, par M. le général Trant, officier anglais au service du Portugal.

Je certifie que, dans le mois de juillet 1813, me trouvant à Londres en congé d'absence, le comte Alphonse de Durfort me présenta M. Rollac, habitant de Bordeaux, et qui se trouvait en liaison avec la famille royale des Bourbons, comme personne de confiance reconnue par le parti royaliste de Bordeaux, et avec l'objet d'opérer une révolution dans cette ville et les environs.

A mon retour en Portugal, et vu que l'armée alliée, sous les ordres du duc de Wellington, à cette époque, était sur le point de pénétrer en France par la partie méridionale, j'ai cru de mon devoir de faire mention de M. Rollac au maréchal lord Béresford; et sur sa réponse, je fus assuré que ma lettre à son sujet, ou plutôt le paragraphe qui le regardait, fut envoyé par le lord Béresford au duc de Wellington. Comme la démarche que j'avais prise était convenue avec M. Rollac, qui s'exprimait de la manière la plus enthousiaste pour le service de son Roi, je lui ai donné ce certificat en témoignage de sa loyauté.

Signé, N. Trant,
Officier anglais, employé comme brigadier-général au service de Portugal.

Londres, 16 juillet 1815.

N° IX.

Certificat de Son Exc. M. le comte de la Châtre, à M. J. Peffau de Latour.

Je certifie que le Roi, mon auguste souverain, m'a fait donner (en l'année 1813) ses ordres par M. le comte de Blacas, pour envoyer en France M. Julien Peffau de Latour.

J'ai été autorisé en même temps à lui promettre le grade de colonel, à lui donner sa direction sur Bordeaux, avec permission de s'y présenter en qualité de colonel, et de premier envoyé de Sa Majesté auprès des commissaires des royalistes de cette ville et du département.

Fait à Londres, le 24 août 1814.

Signé, le comte de la Chatre,
Ambassadeur de Sa Majesté Très-Chrétienne auprès de Sa Majesté Britannique.

N° X.

Extrait du rapport de M. J. P. de Latour, adressé à M. Rollac, après la journée du 12 mars.

Monsieur et ami,

Enfin, le jour est arrivé où la vérité peut briller dans tout son éclat. Je vous avouerai que j'étais bien éloigné de m'attendre à un succès aussi complet que celui de l'immortelle journée du 12 mars, à Bordeaux. Que conclure de cela, si ce n'est que nous sommes les instrumens dont il a plu à la Providence dese servir? Recevez donc mes félicitations bien sincères sur l'heureux succès qui vient de couronner d'une manière si miraculeuse vos efforts et vos travaux, pendant quinze années, pour l'auguste famille de nos Rois. Quelle coïncidence! *Ce fut le* 12 *mars* 1813 que vous me fîtes remettre chez vous, par Son Exc. le comte de la Châtre, mes dépêches, signées par lui, au nom de Sa Majesté (du nom de Henri et Compagnie); en conséquence, je me rendis à Bordeaux auprès des commissaires du Roi, MM. de Taffard et de Larochejaquelein, que vous aviez désignés à Sa Majesté et fait nommer commissaires du Roi, pour la direction des opérations de Bordeaux et de la Vendée. Dès mon arrivée à Bordeaux, je remis à M. de Taffard votre lettre de recommandation et mes dépêches, et lui expliquai que c'était de la part du Roi. M. de Taffard me déclara que de semblables communications, venues de toute autre personne, lui auraient été suspectes; mais s'appuyant de tout ce que vous aviez fait depuis quinze années pour la cause des Bourbons, aux dépens de vos intérêts, il ne pouvait vous refuser toute sa confiance. Je vis aussi dans la journée M. de Larochejacquelein, par les soins de M. de Taffard, dont la conférence se prolongea assez avant dans la nuit. M. de Larochejaquelein se rendit de suite dans la Vendée, et M. de Taffard s'occupa de l'organisation de la garde royale à Bordeaux. Comme nous en étions convenus à Londres, je demandai que l'on fît passer des députés à M. le duc de Wellington, sitôt que les circonstances le permettraient, ce qui me fut accordé par MM. de Taffard et de Larochejaquelein, ainsi que tous les autres points convenus entre nous, etc., etc, etc.

J'ai fait mon rapport verbalement et par écrit à S. A. R., et j'ai aussi adressé le double de ma mission aux ministres de Sa Majesté.

Le général Larochejaquelein et moi avons eu l'honneur de présenter votre cher fils à S. A. R., qui lui a fait l'accueil le plus gracieux.

Votre ami.

Signé, J. P. de Latour. *Colonel.*

M. Rollac, à Paris.

N° XI.

Lettre de S. A. R. monseigneur duc d'Angoulême, portant établissement de la décoration du Brassard.

M. Taffard de Saint-Germain, le Roi voulant donner à la garde royale formée par vos soins, un témoignage authentique de la satisfaction qu'il éprouve de son dévouement à sa personne et à sa cause, ainsi que du courage qu'elle a manifesté dans une circonstance qui honore les Bordelais et intéresse la France entière, Sa Majesté lui a accordé la décoration d'un brassard blanc au bras gauche, portant cette inscription : Bordeaux, 12 mars 1814. Cette grâce comprend tous ceux qui étaient inscrits sur les listes à ladite époque, ou qui ont continué à y faire le service avec un zèle qui ne s'est jamais démenti. Il m'est agréable de vous charger de cette distribution, qui commencera par vous-même. Vous dresserez un état double de tous ceux qui composaient cette garde au 12 mars ; vous m'en ferez passer une expédition, et vous en déposerez un double aux archives de l'Hôtel-de-Ville, pour y avoir recours au besoin (1).

Votre affectionné,

Signé, Louis-Antoine.

Bordeaux, 17 juillet 1814.

---

(1) Cet état, qui constate l'organisation faite par M. de Taffard, ayant été déposé à l'Hôtel-de-Ville, suivant l'ordre de Son Altesse Royale, j'ai cru inutile de le rapporter ici.

N° XII.

Lettre particulière de M. Taffard de Saint-Germain, à M. J. S. Rollac.

Bordeaux, 17 juillet 1814.

M. Rollac,

Je suis sûr de remplir les intentions de Sa Majesté Louis XVIII, en vous envoyant le brevet de la décoration dont il a daigné honorer la garde royale de Bordeaux. Les services que vous lui avez rendus sont d'une assez haute importance, pour vous mériter une place distinguée parmi les braves du 12 mars. *C'est à vous que nous devons le bonheur de posséder cette famille auguste que nos vœux appelaient constamment, puisque, le premier, par vos soins et par l'activité de vos démarches, vous avez préparé les moyens d'obtenir l'heureux résultat de cette mémorable journée.* Cet hommage, que nous vous devons et que je m'empresse de vous rendre, est aussi sincère qu'il est juste.

J'ai l'honneur d'être, avec une considération distinguée,

Votre très-humble serviteur,

L'agent du Roi en Guienne,

Signé, Taffard de Saint-Germain.

N° XIII.

Brevet du corps de la garde royale de Bordeaux, envoyé à M. J. S. Rollac, par M. Taffard de Saint-Germain.

M. Rollac,

Les soins que vous vous êtes donnés à Londres, auprès de Sa Majesté Louis XVIII et de Sa Majesté Britannique, pour préparer les événemens mémorables de la journée du 12 mars 1814, et en assurer le succès, ont déterminé le corps de la garde royale, formé par mes soins, *et en vertu des pouvoirs du Roi, que vous m'avez fait transmettre*, à vous admettre dans son sein. En conséquence, il a été décidé que, malgré votre absence, vous seriez compris dans les états comme capitaine-adjoint à l'état-major. Vous pouvez donc désormais, en vertu de la présente commission, prendre ce titre, et en faire les fonctions toutes les fois que le cas l'exigera.

Je profite de cette occasion pour vous exprimer la reconnaissance du corps que j'ai l'honneur de commander.

J'ai l'honneur d'être, Monsieur,

Votre très-humble serviteur,

Signé, Taffard de Saint-Germain.

Bordeaux, le 2 août 1814.

N° XIV.

Attestation de lord Dalhousie à M. G. Bontemps-Dubarry.

J'ATTESTE avec plaisir, sur la demande qui m'a été faite de la part de M. Bontemps, chef d'escadron, actuellement à Paris, que, depuis sa mission auprès de S. A. R. le duc d'Angoulême à Saint-Sever, et sa négociation auprès de M. le duc de Wellington, qui fut suivie de l'envoi d'une partie des troupes anglaises à Bordeaux, ainsi que Mgr. le duc d'Angoulême, que M. Bontemps se joignit à l'état-major, dans les mouvemens qui devinrent nécessaires pour débloquer les ports de Brone et de Saint-André-de-Cubsac. J'ajoute que, soit par ce que j'ai vu de lui, ou par ce que j'ai lu de lui, dans sa correspondance, à raison de ces deux mouvemens, j'ai jugé de son intelligence et de son courage, etc.

Je lui renouvelle avec satisfaction les sentimens de mon estime très-particulière.

Signé, DALHOUSIE,
Lieutenant-général.

Bordeaux, le 14 juillet 1814.

N° XV.

JE puis attester les faits allégués par M. Rollac, et qui lui méritèrent, avant la restauration, la confiance des personnes à qui le feu Roi avait donné l'ordre d'accueillir ses propositions, et d'en tirer les avantages *qui se sont développés depuis*, etc., etc., etc.

Signé, comte DE PRADEL.

Paris, le 29 avril 1825.

N° XVI.

Discours de lord Liverpool, alors premier ministre, prononcé à la Chambre des Pairs, dans la séance du 22 mai 1815.

« On pourrait, dit le ministre anglais, qui concluait à la guerre, on pourrait cependant faire l'objection suivante : « Le gouvernement britannique, les alliés en général *n'étaient-ils pas prêts à faire la paix avec le dominateur actuel de la France, au mois de mars* 1814, *à Châtillon?* Eh bien ! pourquoi ne pas faire aujourd'hui la paix avec lui ?

J'observerai, en réponse à cette objection, que, lors des négociations de Châtillon, non-seulement *Buonaparte était en possession incontestée du gouvernement de France,* mais même que, *jusqu'aux événemens qui eurent lieu à Bordeaux, il n'y avait aucune apparence d'opposition à son pouvoir.* Je dois ajouter aussi que les alliés, bien loin de rejeter la chose, portèrent au contraire toute leur attention sur le défaut de sûreté dans la paix qui serait faite avec cet homme. Mon noble ami (1), qui représentait alors les intérêts de ce pays-ci, *avait reçu des instructions éventuelles qui l'autorisaient à varier sa marche, s'il survenait quelque événement qui pût rendre la chose convenable;* mais, je le répète encore une fois, *jusqu'à la révolution de Bordeaux, il ne se manifesta aucune disposition hostile envers Buonaparte.* La question de la paix *par rapport à lui* resta conséquemment alors comme vis-à-vis d'un homme qui avait *la possession absolue et non disputée du pays;* mais *aujourd'hui* il en est autrement, car il y a toute raison de croire que *les sentimens du gros de la nation française sont contre lui.*

(1) Lord Castelreagh.

» Quoique ce que j'ai énoncé fût un motif suffisant pour faire la paix à Châtillon, cependant, si la question n'avait posé que sur ce seul fondement, j'aurais, pour ma part, été disposé à courir encore les chances de la guerre. Il y avait néanmoins d'autres considérations de prudence et de politique, qui ne pouvaient pas manquer d'avoir en ce temps-là un grand poids auprès des alliés; car, quoiqu'ils eussent achevé les exploits les plus brillans, et quoiqu'ils eussent pénétré jusque dans le cœur de la France, cependant ils ne pouvaient pas se dissimuler que les principales places fortes de l'Europe occidentale étaient alors au pouvoir de Buonaparte. Il était maître de Turin, d'Alexandrie et de Milan au midi, de Mayence et de Luxembourg sur la frontière de l'Allemagne, et d'Anvers, Berg-op-Zoom, Hambourg, Wirtemberg, Torgau, etc. Dans le fait, il n'existait pas alors une seule des places fortes de l'ouest de l'Europe qui ne fût en sa possession. Il existait incontestablement alors un sentiment général très-louable, et qui souvent était une passion exaltée, contre toute idée de traiter avec lui; mais des hommes d'État étaient obligés d'envisager la question d'une manière plus froide, et ils ne pouvaient s'empêcher de réfléchir que, s'il était alors arrivé quelque grand malheur aux alliés, la possession de ces mêmes places fortes l'aurait rendu l'arbitre de presque tout l'ouest de l'Europe. Tout malheur qui aurait pu arriver aux alliés, non-seulement les aurait contraints de se retirer de France dans des circonstances extrêmement défavorables, mais même les aurait obligés de recevoir la paix de ses mains, aux conditions qu'il aurait voulu. Ce fut une considération d'un grand poids pour les alliés; et lorsqu'ils offrirent la paix à Châtillon, ce fut sur les principes, qu'ils ne pensaient pas que le danger, plus grand, qui existait alors, dût être sacrifié au danger éventuel, plus petit, qui pouvait résulter de la paix avec leur ennemi. Une paix, quelque peu sûre qu'elle fût, était à préférer alors, si l'on pouvait ainsi lui ôter des mains les places fortes qu'il tenait. »

Après les succès de mes travaux politiques, M. le duc de la Châtre me renouvela à Londres l'assurance qu'il m'avoit déjà donnée au nom du Roi (ainsi que M. le duc de Blacas dans le cours de mes opérations), que, d'après les services éminens que je venais de rendre, en faisant éclore les événemens de Bordeaux, mon sort et celui de ma famille seraient assurés, aussitôt que S. M. serait sur son trône; que je serais récompensé noblement, et, en outre, indemnisé de mes pertes, ainsi que de mes frais et dépenses à Londres. Une promesse aussi solennelle et ma délicatesse m'imposèrent le devoir, à mon retour en France, de ne faire aucune demande; je m'en rapportai d'ailleurs à la lettre que je reçus de M. le duc de la Châtre, alors de service auprès du Roi, et dont copie est ci-après :

Paris, le 10 juin 1816.

Je suis désolé, mon cher Rollac, que vous quittiez Paris sans emporter les récompenses dues à votre zèle, à vos services et aux sacrifices que vous avez faits si noblement pour le service du Roi. Sa Majesté en connaît tous les détails; mais les circonstances ne sont pas favorables pour dédommager et récompenser. Les réformes de places de tous les genres, faites et encore à faire, enchaînent pour un temps la bonne volonté de notre auguste Monarque. Je me ferai un devoir de suivre auprès de lui vos intérêts, de lui parler de vos services, sûr de le trouver disposé à profiter de la première occasion favorable, pour vous faire placer d'une manière convenable et utile à vous et à votre excellente famille. Comptez à jamais sur moi, mon cher Rollac, et sur mon amitié bien sincère.

Signé, DUC DE LA CHATRE.

Ce ne fut qu'en 1817 que, ne voyant rien s'accomplir, je rappelai à M. le duc de la Châtre la promesse qu'il m'avait faite au nom du Roi. Ayant été autorisé de nouveau par S. M., M. de la Châtre écrivit à M. le baron de La Bouillerie, alors intendant-général des finances, la lettre dont copie suit :

Paris, 8 mars 1817.

« J'aurais bien voulu qu'un reste de rhume et un vilain temps humide ne m'eussent pas empêché de rappeler de vive voix à M. le baron de La Bouillerie tous les droits de M. Rollac à une grâce marquante de Sa Majesté. Sa conduite à Bordeaux, sa correspondance, son séjour de quatre années en Angleterre, pour préparer et amener les événemens de Bordeaux; enfin, le terme glorieux de ses travaux ont paru à Sa Majesté devoir lui mériter d'être pris en considération. *C'est d'après une telle approbation*, que j'ai formé auprès de vous une demande qui me semble n'avoir pas réussi par le seul manque *d'occasion*. Il s'en offre une bien favorable en ce moment par la vacance de la recette générale du département de la Moselle.

Je suis fondé à croire que, si vous vouliez présenter M. Rollac pour la remplir, le Roi ne refuserait pas son assentiment à celui qui a tant fait, et avec succès, pour la cause sacrée. J'ose même dire que ce sera une dette acquittée qui produira un bon effet parmi les Français et les étrangers qui ont été à même de juger et apprécier la conduite d'un des plus utiles serviteurs de notre auguste Souverain. »

Signé, DUC DE LA CHATRE.

A M. le baron de La Bouillerie.

N'ayant pu obtenir cette recette générale, M. le comte de Pradel, ayant alors le portefeuille de la maison du Roi, m'écrivit en septembre 1817, que S. M. m'avait accordé un traitement *provisoire* de 3,900 francs (1), et ensuite je reçus de M. Corvetto et de M. Roy, alors ministres des finances, les deux ettres suivantes :

(1) Mon premier mouvement avait été de ne pas accepter ce traitement, et dont la modicité contrastait si fortement avec l'importance de mes services et l'étendue de mes sacrifices; mais on me fit observer, à la Cour, que mon refus pourrait déplaire au Roi : dès-lors, je me résignai. Cet état de chose ne devait, d'ailleurs, durer que jusqu'à ce que je fusse pourvu de la recette générale qui avait été demandée pour moi au nom et par ordre du Roi.

Paris, le 23 novembre 1818.

M. le duc de Duras m'a remis, Monsieur, par ordre du Roi, le placet que vous avez présenté à Sa Majesté pour obtenir une place de receveur-percepteur des contributions à Paris. Aucun de ces emplois n'est vacant en ce moment; *j'en ai rendu compte à Sa Majesté, et, d'après ses ordres, votre nom sera mis sous ses yeux*, lorsqu'il s'agira de nommer à une de ces places.

Signé, COMTE CORVETTO.

A M. Rollac.

Paris, le 22 décembre 1818.

J'ai reçu, Monsieur, la lettre que vous m'avez fait l'honneur de m'écrire le 17 de ce mois. Je ne desire pas moins que mon honorable prédécesseur, M. le comte de Corvetto, la réalisation de vos vœux. Je me ferai un véritable plaisir de mettre votre nom sous les yeux du Roi, lorsque Sa Majesté aura à nommer à un emploi vacant, soit de receveur-général, soit de receveur d'arrondissement, à Paris.

Signé, ROY.

A M. Rollac.

Vers la fin de 1819, les volontés du Roi n'ayant pas encore été remplies, et le traitement de 3,900 francs *ne pouvant suffire à mes dépenses*, Sa Majesté voulut bien le convertir en une somme de quarante mille francs.

Enfin, peu de temps après l'arrivée de M. le comte de Villèle au ministère, le Roi daigna renouveler ses ordres. Les Princes, ainsi que divers personnages de la cour, firent de nouvelles démarches auprès de ce ministre, pour que j'obtinsse une recette générale ou d'arrondissement à Paris, comme on le verra par la note ci-après, qui fut remise à Son Excellence par trois de mes amis, MM. les généraux de la Roche-Jacquelin et Canuel, et Agier, membre de la Chambre des Députés.

« Au mois de novembre 1818, le Roi a bien voulu donner ses ordres, pour que M. Rollac obtînt une recette générale ou d'arrondissement, à Paris; et M. le duc de Duras, premier gentilhomme de la chambre du Roi, qui avait été chargé de transmettre les ordres de Sa Majesté à M. de Corvetto, a dernièrement confirmé à Votre Excellence les intentions bienveillantes de Sa Majesté en faveur de M. Rollac.

» Madame la vicomtesse d'Agoult, dame d'atours de S. A. R. (alors Madame), a confirmé également à Votre Excellence que le ministre des finances avait reçu dans les temps les ordres du Roi, pour que M. Rollac fût compris dans le travail à lui présenter, et qu'il y fût porté pour l'obtention d'une recette d'arrondissement, à Paris, à la première vacance, et que S. A. R. desirait vivement que le sort de M. Rollac fût enfin fixé.

» La députation de la Gironde a fait la même demande en faveur de M. Rollac, qui a été remise à Votre Excellence, le 4 février dernier, par M. le comte de Marcellus.

» Enfin, S. A. R. MONSIEUR (aujourd'hui notre Souverain) fit la même demande pour M. Rollac, et c'est M. de Valdené, alors secrétaire du cabinet de S. A. R., qui la remit, le 6 mars, à Votre Excellence.

» Nous soussignés, certifions avoir remis la note ci-dessus mentionnée, le 21 mars dernier, à M. le comte de Villèle.

Signé, Comte DE LARCHEJAQUELEIN,

Baron CANUEL de AGIER.

Paris, 20 juillet 1822.

M. le duc de La Châtre, se trouvant indisposé, ne put accompagner ces Messieurs chez Son Excellence; mais il écrivit à M. de Larochejaquelein, la lettre ci-après :

Paris, 21 mars 1822.

« J'apprends, M. le Comte, que vous devez voir ce soir le ministre des finances, et lui parler en faveur de M. Rollac. J'aurais été flatté de me joindre à vous, et vous accompagner dans cette démarche; mais je suis à l'ordre d'un médecin qui ne veut pas que je sorte après le soleil couché. Heureusement vous savez, comme moi, tout ce que vaut et mérite M. Rollac. J'aurais seulement pu dire que tout ce qu'il a fait *a passé sous mes yeux; qu'il était le chef de la correspondance qui a amené la journée du 12 mars, et qu'il attend encore la récompense due à ses services si distingués, et tant de fois promise;* si vous êtes assez heureux, comme je n'en doute pas, auprès d'un ministre royaliste comme nous, et juste comme la justice même, je partagerai la reconnaissance de M. Rollac vis-à-vis de vous et vis-à-vis de M. le comte de Villèle.

Signé, duc DE LA CHATRE.

A M. le comte de Larochejaquelein.

A l'époque où le Roi donna 150 mille francs en mariage à l'aînée des demoiselles de Larochejaquelein, et 100 mille à chacune de celles de M. le comte de Peyronnet, on me demanda une de mes cinq filles en mariage. M. le duc de La Châtre voulut bien en parler à S. M., qui daigna promettre 50 mille francs pour chacune d'elles; mais Dieu a depuis appelé près de lui celle dont il était question.

En 1823, à son retour de Rome, M. le duc de Blacas témoigna au Roi sa surprise que je n'eusse encore rien obtenu. Sa Majesté donna ordre à M. de Villefosse, secrétaire de son cabinet, de lui faire un rapport à cet effet; et il fut alors convenu avec M. de Blacas que je renouvellerais au Roi la demande d'une recette générale, laquelle, après avoir été *revêtue de l'approbation de S. M., fut envoyée par ses ordres à Son Excellence le président du conseil.*

M. de Villefosse écrivit à cette occasion à M. Agier, la lettre suivante :

Paris, le 1er février 1823.

MONSIEUR ET CHER COLLÈGUE,

Le placet de M. Rollac, au sujet duquel vous m'avez fait l'honneur de m'écrire, a été l'objet d'un rapport *circonstancié* que j'ai fait au Roi. *En exécution des ordres de Sa Majesté*, ce placet a été renvoyé, le 30 janvier, à Son Exc. le ministre des finances, président du conseil. Je m'estimerai heureux si j'ai pu être utile à un aussi dévoué serviteur du Roi, etc.

Signé, chevalier DE VILLEFOSSE.

A M. Agier, conseiller à la Cour royale.

En 1823, le vénérable M. Bergasse écrivit une lettre en ma faveur à son ami M. le vicomte de Chateaubriand, alors ministre des affaires étrangères, qui lui fut remise par le général Canuel, et dont l'extrait est ci-près :

Vous n'avez pas sans doute oublié, M. le Vicomte, que c'est M. Rollac qui a préparé à grands frais, en Angleterre, les événemens du 12 mars. On lui avait promis à Londres, et même lorsqu'il revint à Paris, qu'on récompenserait ses services rendus avec autant de désintéressement que de persévérance, de manière à lui faire oublier ses nombreux sacrifices; on ajoutait aussi que ce serait un véritable scandale politique que de ne pas récompenser noblement l'homme de France auquel on devait davantage, et qui avait le plus contribué au rétablissement de la maison des Bourbons. Veuillez, je vous prie, M. le Vicomte, parler de cette affaire à M. le comte de Villèle, car il me semble que la bienséance toute seule exige que, si tant de fidélité n'est pas récompensée, du moins elle ne soit pas punie.

Signé, BERGASSE.

Le 28 avril 1825, j'adressai une demande à S. M. Charles X pour la supplier de vouloir bien me continuer ses royales bontés, en m'accordant une des places de finances, pour lesquelles le feu Roi avait déjà donné ses ordres à diverses époques. Sa Majesté voulut bien renvoyer ma demande au ministre des finances, M. le comte de Villèle, qui m'écrivit la lettre ci-après :

Paris, le 10 mars 1825.

Le ministre des finances a l'honneur de prévenir M. Rollac que la demande qu'il a adressée au Roi, tendante a obtenir une recette des finances, a été renvoyée, par ordre de Sa Majesté, dans les bureaux du ministère, et qu'elle y est classée pour être représentée lors des vacances.

Toutes ces démarches n'eurent aucun résultat, ce qui produisit un bien mauvais effet, ainsi qu'on peut en juger par l'extrait ci-après d'une lettre de M. le comte de Tournon, alors préfet de la Gironde, aujourd'hui pair de France, adressée à M. le comte de Durfort :

Bordeaux, 14 septembre 1816.

« Ces réflexions, dont je vous prie, M. le Comte, d'excuser l'amertume, ne s'appliquent-elles pas à M. Rollac, cet agent si actif, *qui fit ouvrir les portes de Bordeaux aux Bourbons, réveilla dans toute la France des sentimens qui étonnèrent les étrangers, et les entraînèrent loin de leurs résolutions?* Nous avons vu revenir ce brave homme moins riche que lorsqu'il alla, à Londres, y attacher, par vos mains, le fil de la trame qui existait en France. Je ne cherche point à me donner des soins qui me seraient étrangers; mais M. Rollac est de mon département : le soin d'y maintenir l'union pour le Roi m'est confié; je suis donc en droit de demander qu'on fasse cesser l'atteinte qu'on y a portée, en faisant jouir ce brave homme des marques de bonté du Roi. »

Signé, Comte DE TOURNON.

En 1826, mon sort n'ayant point changé, je dis à M. le comte de Villèle que, si j'avais négligé mes intérêts personnels pour servir la cause du Roi pendant un temps aussi long, aux dépens de mon état et de ma fortune, je ne devais pas toujours fermer les yeux sur le préjudice que j'avais causé à ma famille; qu'il était inouï que je fusse encore dans l'attente de la recette générale ou d'arrondissement à Paris, que l'on me faisait espérer depuis si long-temps. Je priai S. Exc. de remarquer que, si j'avais obtenu une de ces places, il y a douze ans, *elle m'aurait donné* 100, 60, 50 *ou* 30 *mille francs par an*, ce qui m'aurait aidé à réparer une partie de mes pertes, et que j'aurais aujourd'hui un état honorable; que, loin de là, ma position ne faisait que s'aggraver, et ne me permettait plus d'attendre.

Son Excellence trouva mes observations fondées, et elle m'engagea à les présenter au ministre de la maison du Roi : je le fis le 4 mars 1826, en rappelant à M. le duc de Doudeauville que j'avais eu le bonheur de réussir dans cette grande entreprise, sans aucun secours d'argent du Roi, ni du Gouvernement anglais; ce qui était à la connaissance de Sa Majesté.

Le 6 avril suivant, le ministre de la maison du Roi me répondit que cette demande *si tardive était inadmissible ;* que ces sortes de réclamations étaient à la charge de l'Etat, et non de la liste civile.

Quelques jours après, je vis M. le comte de Villèle, et lui donnai connaissance de cette réponse. Son Excellence me dit que M. le duc de Doudeauville lui avait également écrit à ce sujet; elle m'engagea à m'adresser directement au Roi, en me disant que, si Sa Majesté lui parlait de ma réclamation, je pouvais compter qu'elle l'appuierait.

Les chagrins que j'éprouvais de toutes ces lenteurs me firent tomber malade, et alors je priai M. Chauveau-Lagarde de solliciter une audience du Roi, afin de pouvoir mettre sous les yeux de S. M. un Mémoire dans lequel seraient rappelés de nouveau l'importance de mes services, l'étendue de mes sacrifices, et le non accomplissement des volontés royales pour que je fusse récompensé.

M. Chauveau-Lagarde fut reçu par le Roi en mars 1827. S. M.

daigna l'écouter avec beaucoup de bienveillance, et elle le chargea de remettre mon Mémoire (1) à M. le comte de Villèle, pour qu'il concertât avec ce dernier les moyens d'en remplir l'objet.

M. le président du Conseil, à qui le Roi avait parlé de mes réclamations, dit à M. Chauveau-Lagarde qu'il s'en occuperait après la session. Plus tard, Son Excellence lui fit observer qu'elle ne pouvait disposer des fonds du Trésor, mais que cependant elle aviserait à la possibilité de me satisfaire; et les choses en étaient là lorsque M. de Villèle quitta le ministère.

Mes amis, instruits de toutes ces circonstances, en ont été vivement affligés, et ils m'ont fait observer qu'en servant la cause des Bourbons, j'avais également rendu des services éminens aux Souverains alliés, en faisant éclore les événemens de Bordeaux.

En effet, il est à la connaissance de tous les cabinets, que la mémorable journée du 12 mars a contribué puissamment au rétablissement de la paix générale, ainsi que le prouve le discours que lord Liverpool fit à la chambre des pairs, le 23 mai 1815. Ce ministre, en concluant à la guerre contre Bonaparte, disait que le gouvernement britannique et les alliés en général *lui offraient la paix en* 1814, *avant les événemens de Bordeaux;* que jusqu'à cette époque, *il n'y avait eu aucune apparence d'opposition à son pouvoir; que lors Castlereagh avait reçu des instructions éventuelles qui l'autorisaient à varier sa marche, s'il survenait des événemens* qui pussent rendre la chose convenable (2).

M. le duc de Wellington dit aussi, à Paris, en 1814, à mes amis MM. le chevalier de Taffard et Bontemps Dubarry et à moi : « Si les événemens de Bordeaux avaient tardé huit à dix » jours, les alliés étaient déterminés à traiter de la paix avec Bona- » parte ou la régence; et c'est moi, ajouta Sa Grâce, qui, le premier,

(1) Voir ce Mémoire, page 48 et suivantes.

(2) Pièces justificatives, n° 16.

» en ai donné connaissance aux alliés par un courrier que je fis » passer à lord Castlereagh, qui arriva vingt-quatre heures avant que » Bonaparte en fût instruit : ce qui fit dissoudre le congrès de » Châtillon, et détermina les alliés à marcher sur Paris. »

Il est donc bien prouvé, par des documens officiels, que l'Europe se trouvait en position de traiter de la paix avec Bonaparte, jusqu'au moment où les événemens de Bordeaux firent éclater le premier acte d'opposition à son pouvoir. A ce signal, la coalition des Souverains rompit avec lui, et il s'ensuivit le rétablissement de l'auguste famille que nos vœux appelaient depuis si long-temps, ainsi que celui de la paix générale. Toutes les circonstances d'alors nous portent à croire que les Rois, armés contre Bonaparte, auraient donné beaucoup de millions avant le 12 mars, pour obtenir un résultat aussi immense que celui dont j'ai préparé le succès pendant quatre années, et dont l'entreprise m'a coûté la perte de mon état, de ma fortune, de ma tranquillité, ainsi que celle de ma famille.......

NOTA. Voir ci-après le Mémoire de M. Chauveau-Lagarde.

MÉMOIRE (1)

DE M. CHAUVEAU-LAGARDE,

Sur la légitimité de la demande formée par M. J. S. Rollac, auprès des ministres du Roi, en remboursement des impenses par lui faites, et en indemnité des pertes qu'il a essuyées pour le succès de la journée du 12 mars à Bordeaux.

L'IMPORTANCE *de la journée du 12 mars,* à Bordeaux, pour le triomphe de la légitimité;

La COOPÉRATION, si efficace et si glorieuse, du sieur Rollac à cette journée immortelle;

L'HONORABLE MISSION qui lui a été confiée à ce sujet par Sa Majesté Louis XVIII elle-même;

Les SACRIFICES IMMENSES qu'il a été obligé de faire, et les pertes incalculables qu'il a éprouvées, au péril de sa vie et de sa fortune, pour bien remplir le mandat auguste qui lui avait été donné:

(1) Ce Mémoire a été soumis à S. M. en mars 1827.

Toutes ces choses sont si bien démontrées *par l'histoire*, *par la notoriété publique*, par les pièces mêmes qui se trouvent maintenant entre les mains de M. le président du conseil des ministres (1), qu'il serait superflu d'entrer, à cet égard, dans de longues dissertations; et que deux mots vont suffire pour en démontrer l'évidence irrésistible.

L'importance de la journée !

On la voit dans le discours de lord Liverpool au parlement d'Angleterre ; dans la disposition où semblait être encore le congrès de Châtillon, de traiter avec Bonaparte (2); dans la proclamation des Puissances alliées lors de leur entrée en France; dans celle de S. M. le roi de Prusse et du maréchal de Blücher; dans l'exemple donné par les Bordelais à Paris, ainsi qu'au reste du royaume; et enfin dans le rapide enthousiasme dont ce premier élan a rempli tous les cœurs lors de l'arrivée miraculeuse de nos Princes légitimes, qui en a été la conséquence immédiate.

La coopération du sieur Rollac à cette grande journée !

Elle est attestée par ses travaux antérieurs, qui l'ont préparée dans cet institut philantropique établi par Sa Majesté même, et par lequel M. Rollac, en vertu des ordres des commissaires du Roi, fut chargé de la fourniture et de la distribution des poudres; et elle est surtout bien démontrée par les *plans* qu'il a fournis pour l'exécution de l'entreprise; par *sa correspondance* avec les fidèles Bordelais qu'il y avait pour collaborateurs; par *l'indication* et *la présentation* qu'il y était chargé de faire de ces *principaux agens;*

---

(1) M. le comte de Villèle.

(2) Pièces justificatives, n° 16.

par quatre années de son *séjour* à Londres; par *l'intelligence* qu'il y a sans cesse entretenue durant ces quatre années, et notamment pendant les six premiers mois, soit avec les plus respectables serviteurs du Roi, soit même avec ses ambassadeurs et ses ministres, soit aussi avec les généraux et les ministres de S. M. Britannique. En un mot, autant la journée du 12 mars a été utile à la maison des Bourbons, autant la part que M. Rollac y a prise est incontestable; et cette participation a été si constante, si active et si généreuse, que cette journée mémorable peut être en quelque sorte considérée comme son ouvrage (1).

Quant à la mission que S. M. Louis XVIII a daigné lui confier à cet égard, elle est prouvée : 1° par les certificats de M. le duc de La Châtre, en sa qualité de chargé d'affaires de Sa Majesté près du gouvernement anglais;

2°. Par la correspondance de M. Rollac, à Londres, avec M. de Blacas, alors ministre du Roi;

---

(1) Lorsque M. Rollac dit que cette journée fut en quelque sorte son ouvrage, il ne prétend pas détruire en rien le mérite de quiconque pourrait y avoir aussi coopéré, en France, d'une manière plus ou moins directe, surtout *à l'époque même où elle éclata.* Mais en parlant ainsi, il ne se donne pas des éloges qu'il n'ait point mérités, ainsi que le prouvent bien évidemment tous les faits, et notamment ceux qui suivent. En effet, outre que c'est lui qui a *préparé* de longue main cette journée célèbre, et qui en a donné le *plan* dès 1810, il faut voir dans ses Mémoires manuscrits et dans le récit ci-joint, que c'est aussi lui, et lui seul, qui en a fait mouvoir les ressorts, et présenté les plus dignes ainsi que les plus ardens collaborateurs, tels que les de Larochejacquelein, les Roger, les Declerang, les Queyriaux, et autres semblables.

C'est lui surtout qui a désigné au Roi M. Taffard de Saint-Germain et M. de Latour.

C'est lui qui, en 1813, présenta à Londres M. Bontemps-Dubarry à M. de La Châtre. C'est par lui qu'en 1814, et le 6 mars, ce même M. Bontemps fut porteur de la lettre par laquelle M. de Taffard annonce au Prince que tout est préparé à Bordeaux pour le recevoir.

C'est lui qui, lorsque M. le chevalier de Perrin fut envoyé à Bordeaux et

3°. Par les lettres que M. de La Châtre, depuis son retour en France, a bien voulu écrire, en sa faveur, aux membres du gouvernement du Roi, par ordre de Sa Majesté;

4°. Par les certificats de M. le comte de Durfort, et de M. Trante, général anglais (1).

En telle sorte que ce n'est pas seulement par la noble impulsion de son cœur que M. Rollac s'est livré à la conception, à la direction et à l'exécution d'une œuvre aussi glorieuse, mais encore par la suite nécessaire du mandat exprès qu'il en a reçu de la confiance de Sa Majesté.

Enfin, et à l'égard des pertes et des sacrifices que ce mandat a exigés de lui, il est impossible de ne pas les reconnaître, quand on songe aux demarches, aux déplacemens, aux voyages, à l'aban-

---

à Toulouse, comme commissaire du Roi, lui donna une lettre de recommandation pour M. Taffard, afin de l'accréditer en cette qualité auprès de l'agence.

C'est lui (ainsi que l'affirme expressément M. le duc de La Châtre dans ses attestations*), qui, après que M. de Perrin eut fait à Londres son rapport au Roi sur l'organisation définitive de M. de Taffard à Bordeaux et dans le Midi, INFLUA, PAR SON ENTREMISE, *sur la détermination* PRISE PAR LE ROI *d'envoyer S. A. Mgr duc d'Angoulême à l'armée de Wellington.* C'est à lui qu'en 1812, ce même noble et illustre personnage atteste encore avoir proposé, *de la part de Sa Majesté, de se rendre à Bordeaux* pour le succès de l'entreprise. C'est lui qui, pour arriver à ce résultat inespéré, obtint de S. A. R. MADAME, le fameux ruban vert dont M. de Perrin fut porteur, et que ce dernier remit à M. de Taffard, qui forme aujourd'hui la décoration de l'ordre du Brassard, et dont la distribution électrisa tous les cœurs.

Enfin, c'est lui qui, pour la première récompense de ses travaux, aurait obtenu de Sa Majesté l'honneur d'accompagner le Prince, lors de son départ de Londres, et serait, à sa suite, allé sur les lieux, jouir de son triomphe à Bordeaux, si sa présence à Londres n'avait pas alors paru indispensable pour y entretenir les relations et la correspondance jugées nécessaires.

(1) Pièces justificatives, nos 4 et 8.

* (Pièces justificatives, no 7.)

don de son commerce, de sa famille et de ses affaires, ainsi qu'à son séjour, pendant quatre années, dans un pays étranger, où tout se vend au poids de l'or; et sur ce point il suffit de se reporter aux calculs auxquels il s'est livré dans ses mémoires, pour demeurer convaincu qu'en portant à 500,000 francs ses impenses et ses pertes, il reste encore au-dessous de la réalité (1).

Services de M. Rollac reconnus par S. A. R. Mgr. le Dauphin, et par Sa Majesté elle-même.

Au reste, les services de M. Rollac non-seulement sont reconnus et consacrés par le témoignage auguste de Mgr. le Dauphin de France, dans la lettre que lui a adressée, le 14 avril 1820, M. le baron Giresse de la Beyrie, au nom et par ordre de Son Altesse Royale, et dans laquelle cet excellent Prince, en reconnaissant que M. Rollac *était plus que personne appelé à présenter l'ensemble des faits antérieurs qui ont amené cette grande journée*, *ajoute qu'elle* EST LE PLUS BEAU TITRE QUE PUISSENT PRÉSENTER LES ANNALES DE LA FIDÉLITÉ (2).) Mais ils sont attestés encore par S. M. Louis XVIII elle-même d'une manière bien éclatante, puisque le Roi, pour l'en récompenser, daigna (ainsi que le prouvent les lettres de trois ministres successifs des finances) donner ses ordres pour qu'il fût nommé à divers emplois, et notamment *à une place de receveur-général.*

---

(1) C'est une chose importante à remarquer, que l'exécution du mandat donné par Sa Majesté à M. Rollac *n'a rien coûté à la France*, *ni au gouvernement anglais*, mais que *lui seul en a fait toutes les avances :* seulement il a été donné la modique somme de trois cents livres sterling par M. de La Châtre à M. de Latour, lorsque (sur la désignation de M. Rollac) celui-ci fut, en 1813, chargé par le Roi d'aller à Bordeaux avec la lettre de recommandation que lui avait donnée M. Rollac, auprès de MM. de Larochejacquelein et de Taffard, à l'effet de les instruire du plan qui avait été présenté par M. Rollac, et qui avait été accepté par le Roi et par le gouvernement anglais. (Pièces justificatives, nos 4, 9 et 10.)

(2) Pièces justificatives, no 1.

A la vérité, ces marques si éclatantes de la munificence royale n'ont pu avoir leur effet par la force des circonstances.

Mais ce n'est là qu'une raison de plus pour que M. Rollac doive espérer le succès de sa demande, *si d'ailleurs elle est bien fondée;* et certainement il ne faut qu'un peu de réflexion pour voir qu'il n'y en eut jamais *de plus légitime.*

Légitimité de la demande de M. Rollac.

En effet, si M. Rollac, sans aucune autorisation expresse du Roi, se fût de lui-même spontanément constitué dans cette grande occasion, ce que nous appelons, dans le langage de nos lois, *negotiorum gestor*, le champion de la fidélité; certes, dans ce cas-là même, il serait encore, d'après les règles de la justice distributive, autorisé à réclamer le remboursement de ses impenses, parce que, *dans ce cas-là même*, c'est un principe d'équité, consacré par notre législation civile, que le seul fait de la gestion volontaire entraîne, de la part de la personne qui y est intéressée, *en faveur du gérant*, l'obligation de rendre ce dernier indemne de tous ses déboursés, et que c'est là ce que nous appelons un *quasi-contrat*, duquel il résulte un de ces engagemens qui, pour être *nés sans convention*, n'en sont pas moins obligatoires. Mais (comme nous l'avons dit il n'y a qu'un instant) il ne s'agit pas ici *d'une gestion purement volontaire* de la part de M. Rollac, puisque, honoré de la confiance du Roi, il a réellement agi par ordre exprès de Sa Majesté; et dès-lors ses droits à la justice et à la munificence royales sont bien autrement inviolables, puisqu'ils sont fondés sur un mandat formel de Sa Majesté, et par conséquent sur un véritable contrat, d'autant plus obligatoire qu'il est volontaire de la part de la personne obligée.

Or, qu'elle est pour elle toute l'étendue des obligations que ce contrat lui impose?

La réponse à cette question est d'une haute importance, et

M. Rollac la soumet avec respect à la justice du Roi, ainsi qu'à la religion de son gouvernement.

Dans la *gestion purement volontaire*, non-seulement le gérant ne peut, aux termes de nos lois, réclamer son REMBOURSEMENT, que dans le cas où il a bien administré, et où il justifie de la nécessité ainsi que de l'utilité de ses dépenses; mais, outre que ce remboursement est ainsi subordonné au succès de son administration, ainsi qu'à la nécessité ou même à l'utilité de ses dépenses, le gérant ne peut rien *réclamer autre chose*, et il ne lui est pas rigoureusement dû *d'indemnité* pour les *pertes* que sa gestion lui *aurait occasionnées*.

Au contraire, dans le mandat conventionnel, non-seulement le mandataire a le droit de demander le remboursement des *avances* qu'il a faites pour l'exécution de son mandat, il peut réclamer aussi la juste indemnité de toutes *les pertes dont sa gestion a été l'occasion*, sans imprudence qui lui fût imputable; et (ce qui est bien plus important encore) la loi veut que ses *avances et ses frais* lui soient *remboursés intégralement*, et sans qu'il soit possible d'en faire aucune réduction, sous le prétexte qu'ils pouvaient être moindres : le tout, dans le cas même où l'affaire dont il s'était chargé n'aurait pas réussi.

Comment donc serait-il possible de refuser à M. Rollac et le remboursement et l'indemnité qu'il réclame, lorsque (chose remarquable) son entreprise, loin d'avoir échoué, a été couronnée par un succès tellement miraculeux, qu'il semble en quelque sorte avoir été tout à la fois, dans cette grande occasion, et le mandataire de Sa Majesté et l'instrument de la Providence? (A l'anniversaire du 12 mars 1826, on a entendu Sa Majesté dire que le mouvement de Bordeaux et l'aide de Dieu ont fait le reste.)

La légitimité de la demande de M. Rollac est donc bien démontrée; et c'est en vain qu'on opposerait ici que ces principes de justice ne doivent s'appliquer qu'aux contrats de mandat ordinaires, c'est-à-dire à ceux qui se forment entre deux citoyens indistinctement égaux aux yeux de la loi, mais qu'il ne saurait en être de même dans le mandat que l'on supposerait avoir eu lieu entre le Souverain et l'un de ses sujets.

D'une part, le Roi lui-même peut contracter; les annales de notre histoire et celles de nos tribunaux l'attestent également.

Et, d'un autre côté, comme *la justice* et *la morale sont absolues*, ce qui est juste entre *deux citoyens égaux*, ne peut *manquer de l'être entre le sujet et son Roi*, qui est lui-même *la source première de toute espèce de justice.*

Il y a même une différence remarquable entre l'obligation réciproque qui, dans ce cas, lie les simples citoyens entre eux, et celle qui lie le Prince à l'un de ses sujets; et cette différence tient précisément à l'intervalle qui sépare ces derniers de leurs Souverains, ainsi qu'à la grandeur même de Sa Majesté : c'est que si, dans les mandats ordinaires, le mandataire n'est arrêté par aucun scrupule pour réclamer le remboursement de ses *impenses* que la loi lui accorde, au contraire, dans le mandat que lui a confié son Souverain, retenu par le respect qu'il porte à Sa Majesté, il lui répugnerait toujours d'exercer contre elle une action qui lui semblerait une espèce de blasphême, en ce qu'elle supposerait Sa Majesté capable d'avoir commis une injustice, en manquant envers lui à son engagement; et c'est là sans doute une considération importante qui rend l'obligation du Roi plus inviolable envers son mandataire.

Eh! qu'on ne dise pas non plus que ce mandat est un *mandat politique*, qui ne peut entraîner, de la part du Souverain, aucune *obligation civile* envers son sujet mandataire.

Qu'un fonctionnaire public se dévoue pour le service de son Prince aux plus grands sacrifices, et vienne même à supporter les plus grandes pertes, *par suite* et dans *l'exercice des fonctions de sa charge*, il ne fait que remplir *les devoirs de sa place*; et il n'exerce qu'un *mandat politique*, dont le prix est dans son cœur, et doit lui suffire, dans le cas même où la munificence royale croirait devoir ne lui en accorder aucune autre récompense.

Mais qu'un *simple particulier se charge* VOLONTAIREMENT *d'un mandat* de Sa Majesté, et que, pour *l'exécution de ce mandat auguste, il abandonne sa femme, ses enfans, son commerce, ses affaires; avec tant de constance, de courage et de zèle, qu'il parvienne à rendre à son Roi le plus éclatant de tous les services, et cela surtout au péril de sa vie, comme au détriment de sa fortune et de son existence personnelle, ainsi que de celle de sa famille tout entière;* peut-on dire que si, dans ce cas, la munificence royale, tout en reconnaissant l'importance de son action, s'est trouvée, par le fait, impuissante pour le récompenser, peut-on dire que, dans cette double hypothèse il n'a fait que remplir les *obligations d'un mandat politique*, et que dès-lors il n'a pas le droit d'en *réclamer* au moins les *impenses?*

Évidemment il y aurait dans cette objection une si grande injustice, une si grande inconvenance, que de chercher à la réfuter serait en quelque sorte offenser la majesté royale.

Mais il y a plus, ce serait en vain qu'on imaginerait d'opposer à la demande de M. Rollac, que sa réclamation n'ayant pas été présentée dans *les délais* et dans les formes de la *comptabilité* exigées par les lois relatives à la liquidation des dettes de l'État, elle serait tardive ou bien irrégulière. On répondrait que lorsque S. M. Louis XVIII, daignant reconnaître les services de M. Rollac, a donné ses ordres pour qu'il fût nommé à une recette générale, M. Rollac ne pouvait alors rien demander autre chose que ce qu'il plaisait au Roi de lui accorder; et, dans une telle occasion, il n'aurait pu parler du *remboursement de ses pertes et de ses impenses*, sans une inconvenance dont le moindre vice aurait été le ridicule.

Mais, lorsque le vœu de Sa Majesté n'a pu avoir son exécution, lui opposer par cette raison la déchéance, serait faire tourner à son détriment jusqu'à la munificence et à la justice royale elles-mêmes.

Il est aujourd'hui plus que jamais impossible de faire à M. Rollac une telle objection : c'est un principe proclamé par la Chambre élective, que les dettes contractées par le Roi à l'étranger ne sont pas seulement les dettes de Sa Majesté, mais qu'elles sont encore les dettes de la France, que la France est solidaire avec le Roi pour les acquitter; et telles sont à cet égard la justice et la munificence royale, que, pour être acquittées, de pareilles dettes n'ont besoin que d'être reconnues par le Roi; que lorsqu'elles sont ainsi bien constantes, Sa Majesté ne veut pas (ce qu'en effet elle ne saurait vouloir) qu'on les rejette par des exceptions, ou par la déchéance, ou par des moyens de forme, ou par *le défaut de titres ordinaires;* mais qu'elle veut, au contraire, qu'elles soient acquittées en tout temps, ainsi que par la seule force des considérations et des circonstances dont Sa Majesté se constitue le souverain juge : en telle sorte que, du moment où le Roi, bien instruit de la réalité de ses créances, les a reconnues légitimes, c'est le Roi lui-même qui en ordonne l'acquittement de la manière dont il le juge convenable.

Or, dans un tel état de choses, il n'y a pas à craindre que le Roi ni le président du conseil, qui a lui-même encouragé M. Rollac à s'adresser à Sa Majesté, veuille, en lui opposant le silence qu'il a gardé dans un temps où le Roi et les ministres s'occupaient de le récompenser, le punir ainsi de la juste confiance qu'il aurait eue dans cette double garantie; mais bien, au contraire, il ne saurait être douteux que le Roi et son gouvernement s'empresseront d'accueillir, au lieu de la rejeter, une demande qui (pour nous servir des nobles expressions de Son Altesse Royale) est fondée sur le *plus beau titre que puissent présenter les annales de l'honneur et de la fidélité.*

M. Rollac, *ce titre à la main*, peut donc s'adresser avec confiance à Sa Majesté; car, si, d'une part, un tel titre *est imprescriptible*, comme l'honneur et la fidélité, qui lui servent de base, sont *inviolables et sacrés*, de l'autre, ce n'est jamais en vain que *l'honneur et la fidélité* sont invoqués auprès d'un Roi qui en est le plus juste comme le plus auguste appréciateur.

Signé, **CHAUVEAU-LAGARDE** père.

Imprimerie de TROUVÉ et Cie, rue Notre-Dame-des-Victoires, n. 16.

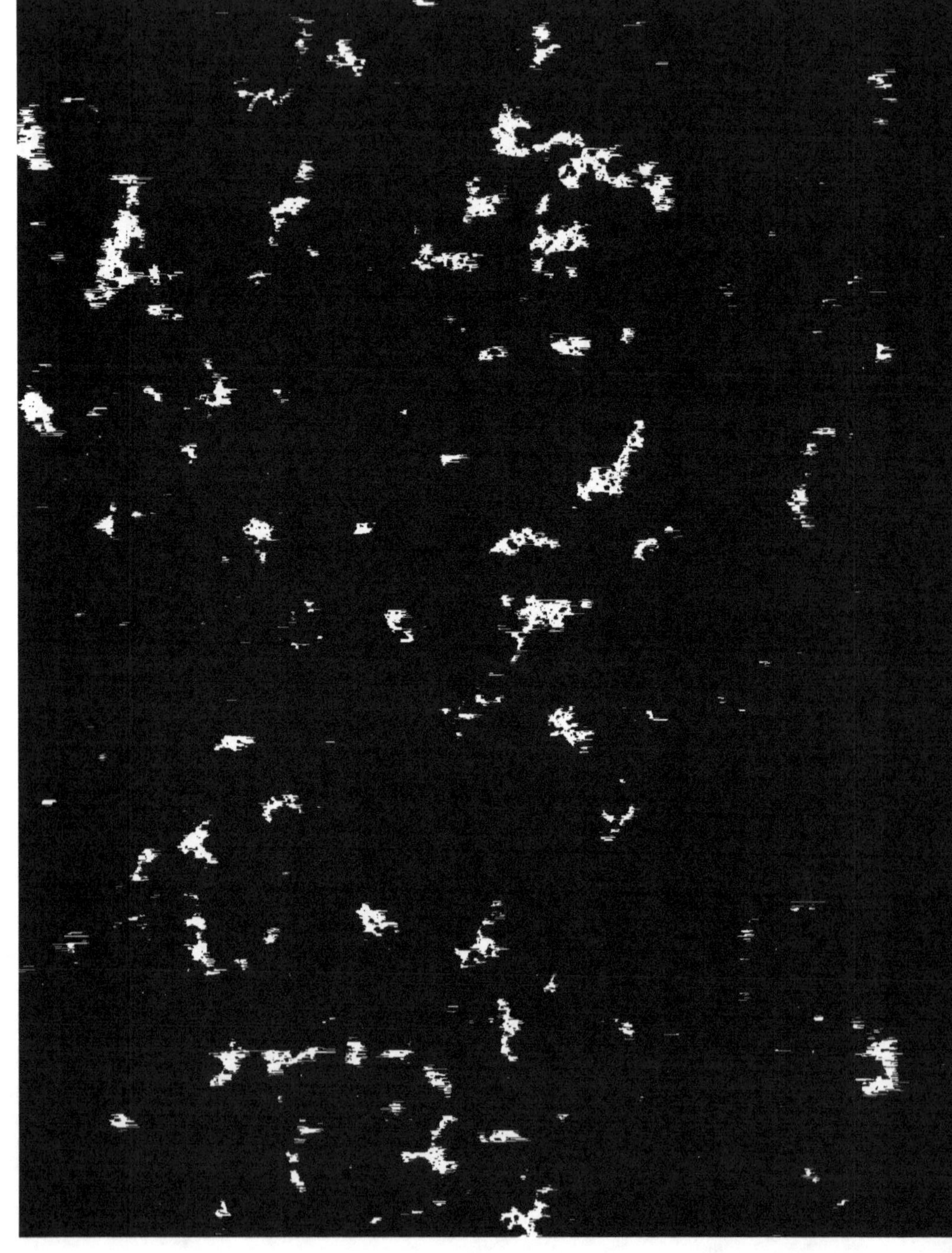

www.ingramcontent.com/pod-product-compliance
Lightning Source LLC
LaVergne TN
LVHW010038230826
846091LV00005B/1761

* 9 7 8 2 0 1 2 4 6 1 2 9 1 *